SOCIÉTÉ NATIONALE

D'ENCOURAGEMENT AU BIEN

COMITÉ DÉPARTEMENTAL DE LA GIRONDE

Assemblée Générale du 2 Juillet 1887

ALLOCUTION

DE

M. LE VICOMTE DE PELLEPORT-BURÈTE

Président.

D'OÙ VIENT LE MAL

Le culte exagéré de la raison en
est devenu le suicide.

BORDEAUX
IMPRIMERIE R. COUSSAU & F. COUSTALAT
20 — rue Gouvion — 20

1887

57/b

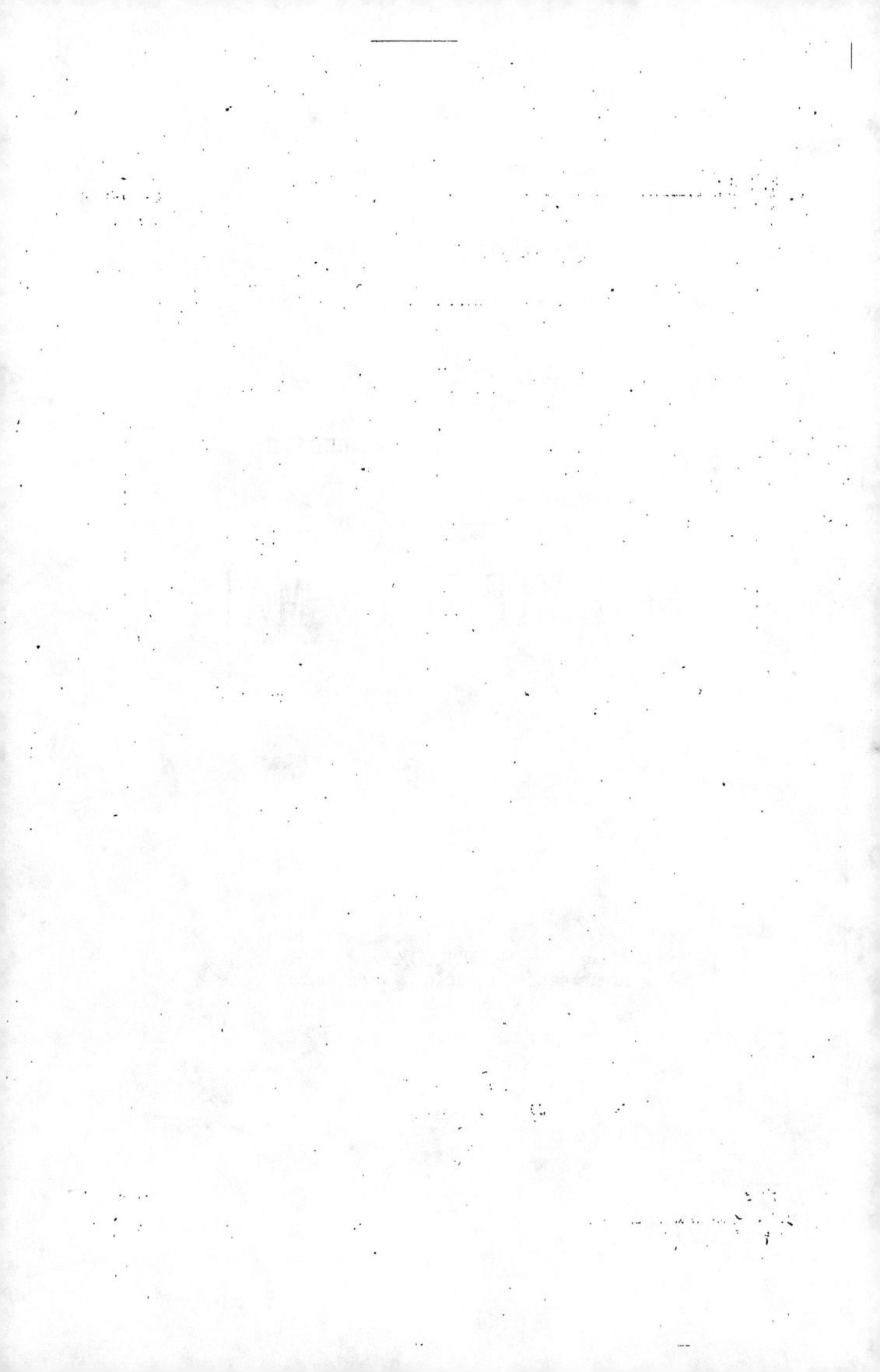

SOCIÉTÉ NATIONALE
D'ENCOURAGEMENT AU BIEN
COMITÉ DÉPARTEMENTAL DE LA GIRONDE

Assemblée Générale du 2 Juillet 1887

ALLOCUTION

DE

M. LE VICOMTE DE PELLEPORT-BURÈTE

Président.

D'OÙ VIENT LE MAL

Le culte exagéré de la raison en est devenu le suicide.

BORDEAUX
IMPRIMERIE R. COUSSAU & F. COUSTALAT
20 — rue Gouvion — 20

1887

SOCIÉTÉ NATIONALE
D'ENCOURAGEMENT AU BIEN

COMITÉ DÉPARTEMENTAL DE LA GIRONDE

Assemblée Générale du 2 Juillet 1887

ALLOCUTION

DE

M. LE VICOMTE DE PELLEPORT-BURÈTE
Président.

MONSEIGNEUR,
MESDAMES,
MESSIEURS,

En 1767, un moraliste provincial conseillait une précaution à ceux qui auraient un jour le souci de ramener l'Esprit public aux principes du sens commun : « JE CONSEILLERAIS, disait-il, A TOUS CEUX QUI ESPÈRENT VIVRE ET A QUI LE DÉLIRE ÉPIDÉMIQUE N'A PAS

ENCORE FAIT TOURNER LA TÊTE, DE RECUEILLIR BIEN PRÉCIEUSEMENT LES LUMIÈRES DE LEUR BON SENS, D'ÉCRIRE COMME QUELQUE CHOSE DE FORT RARE CE QUE (1) DU PREMIER COUP D'ŒIL LEUR ESPRIT DÉCLARERA JUSTE ET CONVENABLE ; EN 1797 OU 98 AU PLUS TARD, IL SERA TEMPS DE FAIRE IMPRIMER LE RECUEIL, ALORS ON TROUVERA NEUF CE QU'IL Y A DE PLUS SIMPLE, ET JE CRAINDRAIS MÊME, VU LE PROGRÈS DE LA DÉRAISON, QUE CE LIVRE NE PARÛT ENCORE TROP EXTRAORDINAIRE, CEPENDANT JE PENSE QUE PEU A PEU ON S'Y ACCOUTUMERA. » Venant près d'un Siècle après le terme assigné par le piquant publiciste, je ne sais si je n'arrive pas trop tard, et si nous ne sommes pas à cette époque où, disait-il encore : « LE BROUILLARD GAGNANT ET S'ÉTENDANT SUR TOUTE L'EUROPE, ON N'Y VERRA PLUS JOUÉ EN PLEIN MIDI » ; je me décide cependant, à la faveur d'une éclaircie, à causer avec vous des dangereux écueils sur lesquels le déraisonnement universel nous a fait échouer.

I

L'Heure est douloureusement troublée ; le Monde entier, se fatigant pour le néant et s'excitant au profit du feu, veut la Paix et attend la Guerre. La Famille attaquée dans ses plus intimes retranchements, accusée même malgré le Code civil de féodalité, ce qui serait absolument plaisant si ce n'était pas absolument écœurant, voit tomber tous les jours ses dernières garanties de respect et de sécurité. Le

---

(1) Variétés d'un philosophe provincial, par Ch. Lejeune.

Budget dédaigneux dans la crainte de passer pour réactionnaire des prudents équilibres d'une sage tradition, flotte au gré fantaisiste des flots parlementaires sur la mer tumultueuse des plus capricieux découverts. La Presse « abusant, à part quelques honorables exceptions, de l'outrage pittoresque et de l'épithète assassine, ne portant le plus souvent devant le public que des personnalités injurieuses (2), » gaspille en pure perte l'influence légitime que dans l'intérêt général elle devrait exercer avec autant de prudence que de sincérité. La fureur du surmenage à outrance de l'Enfance, en créant le plus pernicieux de tous les déclassements, celui de l'esprit, fait endosser à l'État de redoutables lettres de change dont la Société finira par devenir l'insolvable débiteur. En somme, le Culte exagéré de la Raison en est devenu le suicide, et les choses vont d'un tel train que si les Géants de 89 rentraient en scène, ils seraient aussi étrangers au milieu du gâchis actuel « où les partis se subdivisent en mille sectes, où les mots n'exprimant plus le sens réel des choses, ne sont plus que des ralliements pour la haine » (3), que purent l'être en 1814 les émigrés de Coblentz en face de la France mise au point par le génie immortel du Premier Consul. C'est à croire même, à la vue de ces tristes athées de parade, *que si Voltaire revenait au monde, il serait dégoûté d'être Voltai-*

---

(2) *La Gironde*, 26 Juin 1887.

rien (4), le mot est de Victor Hugo ! (*Applaudis-sements*).

En 1789, cependant, et je le dis avec une réelle tristesse, surtout à la veille d'un Centenaire qui devrait nous réunir tous dans une loyale étreinte, il y eut un grand et salutaire mouvement d'enthousiasme auquel les esprits honnêtes et géné-reux dans toutes les classes de la société, Royauté, Noblesse, Clergé, Bourgeoisie concoururent à l'envi et dont les vœux déposés dans d'impérissables cahiers devaient servir de bases au relèvement des libertés publiques. « On n'avait peut-être jamais vu une Nation plus admirablement unanime dans le sacrifice voulant opérer sur elle-même la réforme des abus et la réalisation du progrès. Mais ce mou-vement combien dura-t-il ? Le temps d'arriver au siège de sa concentration et de son élaboration à l'Assemblée nationale. Il est venu expirer au seuil de la salle du *Jeu de Paume*. » Et pourquoi dònc cet avortement ? (5)

Il ne faut pas être un bien grand clerc pour le découvrir. Le XIXe Siècle ne laissera derrière lui tant de ruines, tant de splendeurs, tant de misères, qu'il y en aura pour remplir deux Siècles et en instruire vingt, que parce qu'oubliant que si c'est LA VERTU DE DIEU QUI FAIT LES HAUTEURS, C'EST LE VIDE DE DIEU QUI FAIT LES ABIMES, il a méconnu la règle éternelle que le plus judicieux des Anciens

---

(3) M. Target, *Etat des esprits en 1797*.
(4) H. Fouquier.
(5) *Le Contemporain*, année 1872.

résumait ainsi : « OTEZ LE CULTE DE DIEU, LA FOI
ET LA JUSTICE DISPARAISSENT, LA SOCIÉTÉ N'EST
PLUS POSSIBLE. » (6) (*Applaudissements répétés*).
C'est de la négation du principe Chrétien,
principe « qui semble, dit MONTESQUIEU, ne se
proposer que l'autre vie et qui fait encore notre
bonheur dans celle-ci », QUE VIENT LE MAL QUI NOUS
DÉVORE ! (*Applaudissements*).

Une Société, Mesdames et Messieurs est un corps
vivant qui à son origine a pu être ou ne pas être de
telle ou telle façon, mais qui une fois qu'il a pris
naissance, qu'il s'est formé par le concours de mille
circonstances et de mille influences, constitue une
existence comme chacun de nous. Œuvre de la
nature, du temps et des évènements, la Société
Française née à Tolbiac avec CLOVIS, sauvée à Or-
léans par JEANNE D'ARC, remise sur pied au commen-
cement du Siècle par le CONCORDAT, et cela par la
victoire du Bien sur le Mal, par la victoire du Christ
sur les ennemis de notre Nationalité, devait subir
des corrections, des transformations, des réformes,
c'était fatal, mais à la condition de ne pas toucher
à sa vie même sur laquelle et par laquelle devait se
faire l'opération. Entreprendre de refondre une si
grande masse qu'une Société, et vouloir, pour y
arriver, jeter aux quatre coins du vent le capital
laborieusement économisé par la tradition, c'est

(6) *Pietate adversus deos sublatâ fides etiam et societas hu-
mâni generis et excellentissima virtus justicia tollitur* (Cicé-
ron).

l'affaire de ceux qui veulent *guérir la maladie par la mort* (7). (*Applaudissements*).

Ecoutez, à ce sujet, ce que disait, il y a quelque temps, M. CLEVELAND, le Président de la République Américaine :

« Je sais que vous me permettrez, comme protestant, d'ajouter à ce noble sentiment l'expression de ma conviction que la même influence et le même résultat suivent une sincère fidélité aux enseignements de toute confession religieuse fondée sur la sanction divine. Une foi religieuse saine concourt ainsi à la perpétuité, à la sécurité et à la prospérité de notre République, EN IMPOSANT L'OBÉISSANCE A LA LOI CIVILE, LA PRÉSERVATION DE L'ORDRE PUBLIC ET UN JUSTE RESPECT POUR LES DROITS DE TOUS ; et ainsi, ses adhérents sont mieux disposés pour être de bons citoyens et des patriotes dévoués. Il me semble que la conception du devoir envers l'Etat, qui est dérivée d'un principe religieux, implique un sentiment de responsabilité personnelle qui est d'une grande valeur dans l'administration du gouvernement par le peuple. Ce sera un jour heureux pour notre pays quand chaque citoyen sentira qu'il a à remplir un devoir envers l'Etat et un devoir constant, auquel il ne saurait se soustraire et qu'il ne pourrait négliger sans manquer à ses obligations religieuses en même temps qu'à ses obligations civiles. » (*Vives adhésions*).

_____

(7) Montaigne.

Voulez-vous savoir ce que pensait (8) de l'autorité de Dieu dans le Gouvernement même d'une démagogie telle que celle de 93, MAXIMILIEN ROBESPIERRE, un jour où, las de faire tomber des têtes, le grand Terroriste décrétait l'existence de l'Être Suprême? « LA POSTÉRITÉ POURRA-T-ELLE CROIRE QUE « LES FACTIONS AURAIENT PORTÉ L'AUDACE JUSQU'A « NOUS ACCUSER DE MODÉRATION ET D'ARISTOCRATIE « POUR AVOIR RAPPELÉ L'IDÉE DE LA DIVINITÉ ET DE « LA MORALE? » Le troisième témoignage que je crois utile encore d'invoquer, et ce sera le dernier, est de M. Thiers :

« Il faut, dit l'Immortel Historien de la Révolution Française, une croyance religieuse ; il faut un culte à toute *association* humaine. L'homme, jeté au milieu de cet univers, sans savoir d'où il vient, où il va, pourquoi il souffre, pourquoi même il existe, quelle récompense ou quelle peine recevront les longues agitations de sa vie, assiégé des contradictions de ses semblables, qui lui disent les uns qu'il y a un Dieu, auteur profond et conséquent de toutes choses, les autres qu'il n'y en a pas; ceux-ci, qu'il y a un bien, un mal, qui doivent servir de règle à sa conduite; ceux-là, qu'il n'y a ni bien ni mal, que ce sont là les inventions intéressées des grands de la terre, l'homme au milieu de ces contradictions, éprouve le besoin impérieux, irrésistible, de se faire sur tous ces objets une croyance arrêtée.

(8) 12 Floréal, an II.

« Quand une croyance établie ne règne pas, mille sectes acharnées à la dispute comme en Amérique, mille superstitions honteuses comme en Chine, agitent ou dégradent l'esprit humain. Ou bien, si, comme en France, en 93, UNE COMMOTION PASSA-GÈRE A EMPORTÉ L'ANTIQUE RELIGION DU PAYS, l'homme, à l'instant même où il avait fait vœu de ne plus rien croire, se dément après quelques jours, et le culte insensé de la déesse Raison, inauguré à côté de l'échafaud, vient prouver que ce vœu était aussi vain qu'il était impie. A en juger donc par sa conduite ordinaire et constante, l'homme a besoin d'une croyance religieuse. » (9)

La cause est entendue, Mesdames et Messieurs, c'est la Justice, la lente Déesse comme l'appe-laient les Anciens, qui, ayant accompli son œuvre réparatrice, prouve, par des enseignements à con-vaincre saint Thomas lui-même si le saint incré-dule revenait, que, sans le respect de DIEU dans les LOIS, dans les ÉCOLES, dans la FAMILLE, dans le GOUVERNEMENT, une Société, quel que soit son vocable, n'est pas possible. (*Marques unanimes d'adhésion*).

Je ne suis pas assez naïf pour croire qu'il soit facile aujourd'hui, au point où nous en sommes arrivés, de remonter en quelques jours et avec pré-cision les nombreux ressorts de l'opinion publique, depuis si longtemps sollicitée en tant de sens inverses par les plus étranges contradictions.

---

(9) *Histoire du Consulat et de l'Empire*, A. THIERS.

La chose est cependant possible. Mais, pour y
arriver, il faut n'être pas moins hardi que nos
ruines. Il faut faire comprendre à nos concitoyens
« qu'équilibre et équité sont « les deux aspects de la
« loi de Dieu qui nous montre le premier aspect dans
« le monde de la matière et du corps ; qui nous mon-
« trera le second dans le monde des âmes » (10). Il
faut, sans abdiquer notre manière de voir personnelle
sur l'orientation du Gouvernement de l'État, ni de-
mander à nos contradicteurs de renoncer à leurs
aspirations individuelles pour les uns passer de l'hos-
tilité à la résignation ; pour les autres, de la persé-
cution à la concession ; créer, en un mot, la TRÊVE DE
DIEU ET DE LA PATRIE, et cela sans déclamations tapa-
geuses, franchement et en bons patriotes. Il faut surtout, à droite comme à gauche, se rappelant que les
constitutions politiques n'ont jamais été que des formes plus ou moins passagères de la grande circu-
lation humaine venant de Dieu pour revenir à Dieu,
ne pas élever à la hauteur de principes immuables
des formules vraies aujourd'hui, fausses demain,
toujours contestées et dont l'énervant bysantisme,
si nous n'y prenons garde, nous conduira à la perte
de notre honneur et de notre liberté.

Quoique ces vérités historiques soient indiscuta-
bles pour tout homme impartial, en tenant ce langage,
je sais quel sort sera le mien. Comme MONTAIGNE, *je
serai pelaudé* de toutes mains : au *Gibelin* je serai
Guelfe, au *Guelfe*, *Gibelin*. Peu m'importe ; depuis

_____

(10) Victor Hugo : *Choses vues*, page 185.

le jour où la vie publique m'a délaissé, loin de me retrancher dans des regrets stériles, j'ai recherché, et cela a été l'heure décisive de ma vie, le contact avec tous, au lieu, comme autrefois, de l'éviter. Après un assez long voyage à travers bien des déboires inattendus, j'en suis arrivé à reconnaître que le grand philosophe qui vous séduisait si fort dans votre enfance, que Robinson Crusoë avait raison, lorsqu'au lieu de se laisser mourir pour l'honneur des principes en attendant le navire qui devait le ramener en Angleterre *et qui le ramena, je tiens à le constater*, il se construisait, avec les débris de son naufrage, une modeste cabane pour s'abriter contre la fureur des éléments. Imiter ROBINSON, dans des jours anxieux où l'intérêt général commande de ne pas enjamber sur la Providence (11), me semble aussi être l'accomplissement naturel du Devoir national. Voilà tous les secrets comme toutes les ambitions de mon opportunisme (*Applaudissements*).

II

Mais revenant à l'idée mère de cette allocution, je vous le répète, Mesdames et Messieurs, tout le mal vient de la négation du Principe Religieux, parce que de la négation de cette Loi éternelle qui, comme le disait M. le Président de la République Américaine, « implique un sentiment de responsabilité personnelle qui est d'une grande valeur dans l'administra-

(11) Saint Vincent de Paul.

tion du Gouvernement par le peuple », qui honore DIEU SANS ASSERVIR CÉSAR, qui ne veut qu'une seule chose, faire remonter les Sociétés vers les sources vivifiantes du Spiritualisme Chrétien d'où ont découlé, il y a dix-huit cents ans, tous les symboles de la démocratie moderne; naît la mort et la mort sans phrases de L'AMOUR DU PROCHAIN et de L'AMOUR DE LA PATRIE (*Marques unanimes d'approbation*).

L'AMOUR DU PROCHAIN que vous pratiquez si bien, Mesdames et Messieurs, n'est pas l'apologie de la charité socialiste qui, dans chaque homme, glorifie stérilement l'espèce, mais cette sublime compassion qui, aimant chaque individu, a pitié de ses malheurs et de ses défauts, sans fraterniser pour cela avec les appétits inconscients de la masse populaire. L'amour du prochain c'est la CHARITÉ, cette vertu universelle dans laquelle se résument toutes les espérances du foyer domestique et qui prescrit à chacun de servir les pauvres avec pitié, avec joie et soumission; c'est le respect de Dieu « qui seul peut faire aimer sur la terre le dogme de la liberté ; qui, défiguré par de fausses doctrines, devient un instrument de spoliation, de torture et de mort. » (12) L'amour du prochain, c'est l'ensemble de ces mille assistances que vous patronnez avec tant de dévouement et d'ingéniosité, et que vous récompensez aujourd'hui en cette grande assemblée ; c'est l'indigent dénué de tout, l'ouvrier dont le salaire est

(12) L. Béchard, 1853, de l'état du paupérisme en France.

insuffisant, c'est le malheureux qui n'a plus de pain,
ni travail, ni asile; la veuve et l'orphelin dont l'unique soutien n'est plus, le nourrisson qui dépérit sur
ce sein miné par la maladie et par les larmes,
c'est tant et tant de familles où, sous toutes les
formes, la pauvreté, le deuil, la honte, ont détruit
la paix, l'espoir, la joie, et auxquelles vous rendez
tous les jours, par les touchantes effusions de
vos cœurs compatissants, l'espérance qu'ils croyaient
à jamais bannie de leurs tristes mansardes. (*Applaudissements unanimes, émotion générale.*)

L'AMOUR DE LA PATRIE! ah! Mesdames et Messieurs,
plus que jamais, si vous voulez ne pas laisser périr
par votre faute et votre très grande faute la
Patrie consacrée par l'héroïsme de nos Pères qui,
« dans une heure d'enthousiasme, savaient donner
« leur vie pour une heure de gloire. » (13).
Ne vous inquiétez pas de rechercher qui tient
le drapeau. Le temps n'est plus aux petits esprits et
aux petites choses ; là où est le Drapeau, là est la
France! (*Vive émotion*). Voyez quel spectacle grandiose offrait il y a quelques jours, dans un splendide élan digne des grands jours du temps passé, le
Parlement tout entier, et, disons-le avec une fierté
pleine de promesses patriotiques, des sommets de
l'extrême gauche aux sommets de l'extrême droite,
lorsque M. le comte DE MUN, le cœur étreint par
l'angoisse au souvenir douloureux de l'inoubliable
chargé de Sedan, rappelait à la France les titres de

---

(13) Lacordaire.

noblesse de cette indomptable phalange qui porte
le saint, le formidable nom d'*Armée.* (*Applaudisse-*
ments répétés). Je vous en conjure, Mesdames et Messieurs, honorez ces remparts glorieux ou plutôt,
selon le beau mot de BOSSUET : CES BATAILLONS
SERRÉS SEMBLABLES A AUTANT DE TOURS VIVANTES
QUI SAVENT RÉPARER LEURS BRÉCHES, dont le mâle
courage vous garantit ce grandiose patrimoine que
vous aimez tant ; les douces Vertus, les Arts et les
Sciences, les Merveilles du génie et les bienfaits de
la Foi. Aimez « CES BRAVES GENS » (*Applaudisse-*
ments); aimez-les surtout aujourd'hui, en ce Siècle
de fer où, comme le disait Lamartine en 1848, « la
tribune, c'est la selle d'un cheval, » et espérez !
(*Applaudissements unanimes. Vive émotion.*)

« Une sorte de Parti National, paraît se former
où les exagérations disparaîtraient, où les ran-
cunes seraient oubliées, où la préoccupation patrio-
tique dominerait souverainement les préférences (14)
politiques, où chacun, faisant les concessions né-
cessaires, prendrait pour programme unique :
la paix au dedans, la paix au dehors. Il y en a qui
disent que cela ne peut pas durer, que ce n'est
qu'un acte, qu'un entr'acte dans le grand drame
qui se joue depuis dix-sept ans. Ce n'est pas notre
avis. Voilà quelques années qu'un singulier mou-
vement se produit dans l'opinion publique en
France. On en a assez, presque partout, des luttes
intestines qui affaiblissent et ruinent le pays ; on est

_____

(14) *L'Autorité*, 4 juin 1887.

assoiffé de repos, de tranquillité, de travail, et, pour peu que chacun s'y prête, j'estime QU'UNE VRAIE TRÊVE POURRAIT INTERVENIR, SAUF A SE TRANS-FORMER PLUS TARD en une conciliation moins éphé-mère, moins limitée. » (*Marques nombreuses d'adhé-sion*).

Les Intransigeants de toutes couleurs, dont mal-heureusement pour elle, la France, est si richement dotée, renforcés par les ignorants, et le nombre en est grand, diront que c'est un rêve. Non, Mesdames et Messieurs, le jour approche où la France, maîtresse d'elle-même et sentant où est sa force, ne laissera détruire ni son passé ni son avenir ; où la France, comprenant son péril et son honneur indi-visible dans ses souvenirs comme dans ses espérances, voudra être entourée, aux jours des dangers comme aux jours de fêtes, de tous ses enfants groupés autour d'elle dans une étroite et généreuse solidarité ; où tous, sans exception, en face du péril commun, nous voudrons voir refleurir l'arbre national avec ses vieilles racines, ses jeunes rejetons et ses jours ombragés. (*Applaudissements. Emotion générale.*)

Ma confiance dans cet heureux lendemain est grande, depuis surtout qu'un ministre de la République, M. SPULLER, a dit, il y a quelques jours, avec autant de loyauté que de bon sens : « LA DÉMOCRATIE EST AUJOURD'HUI MAITRESSE DE SES DESTINÉES ; ELLE EST SOUVERAINE, ET, COMME TOUS LES SOUVERAINS, ELLE A SES FLATTEURS QUI POURRAIENT

LA PERDRE. IL N'Y A PAS DE DROITS SANS DEVOIRS. DEPUIS UN SIÈCLE ON NOUS PARLE DE NOS DROITS, ET, DEPUIS UN SIÈCLE, NOUS NOUS EFFORÇONS DE LES CONQUÉRIR. LE TEMPS EST VENU DE PARLER DE NOS DEVOIRS ET DE COMMENCER A LES PRATIQUER. » (*Applaudisse-ments*). Encore quelques retours semblables au Bien, et il se lèvera pour nous le jour fortuné où la vieille France et la France nouvelle, après avoir infligé aux insolentes provocations de l'Etranger comme aux folies furieuses de l'Intérieur l'éternelle leçon de l'Histoire, inscrira sur le temple de la Paix nationale le grand adage Cicéronien :

VERA LEX, la vraie loi, RECTA RATIO, la droite raison, IMPERATOR OMNIUM DEUS, Dieu inspirateur de toutes choses (*Applaudissements unanimes plu-sieurs fois répétés*).

MONSEIGNEUR,

Si depuis de longues années je prends la liberté, outrepassant les modestes limites de mes devoirs présidentiels, de parler librement devant Votre Grandeur de toutes choses, c'est que je sais que Monseigneur, daignant en faveur du fond pardonner les défauts de la forme, veut bien faciliter à la SOCIÉTÉ D'ENCOURAGEMENT AU BIEN les moyens de ramener dans les esprits les seuls courants capa-bles de constituer la force répressive morale sans lesquels il ne saurait y avoir de salut social. Voilà

mon excuse, Monseigneur, et m'étant publiquement
confessé, je demande respectueusement à Votre
Grandeur de vouloir bien me donner une absolu-
tion qui me sera bien nécessaire si Dieu me permet,
l'an prochain, d'avoir l'honneur d'abuser encore une
fois de sa bienveillante attention. (*Salve d'Applaudissements*).

———

L'Assemblée, émue par ces patriotiques paroles,
traduit sa profonde satisfaction en chaleureux
applaudissements, dont Sa Grandeur Monseigneur
l'Archevêque et les membres d'honneur présents
au Bureau donnent le signal.

Bordeaux. — Imprimerie R. Coussau et Coustalat, 20, rue Gouvion.